大同市博物馆
馆藏精品图集

第二辑

②

镜月澄华

大同市博物馆藏铜镜

大同市博物馆 编著

科学出版社

北京

内 容 简 介

《镜月澄华——大同市博物馆藏铜镜》选取大同市博物馆藏历代铜镜一百五十余枚，按照时代的先后顺序，展示了不同阶段铜镜的形制、纹饰特点及文化特征。

全书以铜镜照片为主，同时辅以拓片，每面铜镜都配有文字介绍，以图文并茂的形式全面展示。

通过对大同地区古代铜镜的整理，以期反映各个时期铜镜的形制特征及其所蕴含的历史文化信息，具有十分重要的历史及考古学意义。

图书在版编目 (CIP) 数据

镜月澄华：大同市博物馆藏铜镜 / 大同市博物馆编著. — 北京：科学出版社，2019.9

（大同市博物馆馆藏精品图集. 第二辑）

ISBN 978-7-03-062329-4

Ⅰ. ①镜… Ⅱ. ①大… Ⅲ. ①古镜 - 铜器（考古）- 收藏 - 大同 - 图集 Ⅳ. ①G262.7-64

中国版本图书馆CIP数据核字（2019）第195802号

责任编辑：柴丽丽 董 苗／责任校对：邹慧卿
责任印制：肖 兴／书籍设计：北京美光设计制版有限公司

科 学 出 版 社 出版

北京东黄城根北街16号
邮政编码：100717
http://www.sciencep.com

北京华联印刷有限公司 印刷

科学出版社发行 各地新华书店经销

*

2019年9月第 一 版 开本：889×1194 1/16
2019年9月第一次印刷 印张：15
字数：414 000

定价：328.00 元

大同市博物馆馆藏精品图集　第二辑

主　编

王利民

副主编

曹臣明　刘贵斌　白　勇　耿　波　段晓莉　韩生存

编委会

吴中华　马雁飞　骆东峰　张雁红　唐慧娟

镜月澄华·大同市博物馆藏铜镜

编　撰

王利民　崔长春　于　佳

摄　影

王辉辉

拓　片

康林虎　崔长春

前　言

　　"照日菱花出，临池满月生"，孕育于我国博大精深的古代文明之中的铜镜，是我国古代青铜器文化独立成体系的一朵奇葩。铜镜虽小，但它所映照的不仅是人们的容貌，还有千百年来中国历史的发展，是岁月的记录，记载着文化、美术、科学、人文、社会形态、思想意识等内容。

　　关于我国铜镜的起源可以追溯到传说时代，古人将铜镜的起源归于轩辕氏。神话传说已不可考，目前，考古发现最早的铜镜是位于甘肃、青海一带的齐家文化时期的铜镜，距今约4000多年，此后铜镜历经商、周、春秋战国、汉、唐、宋、元、明、清逐渐成为人们生活中的必需品和必备品，直到清代中晚期以后，青铜镜才逐步为玻璃镜所取代。从四千年前齐家文化出现铜镜以来，各个时期铜镜的质地、形制特征、纹饰特点、铭文演变等都具有其自身的特点。

　　早期铜镜多注重实用性，对于其装饰性并未重视，形制比较简朴，均为圆形，镜面平直或微凸，镜身较薄，直径也较小，大多在6~8厘米，厚度多为0.2~0.3厘米。

　　春秋战国时期是中国古代铜镜发展史中一个成熟和大发展的时期，是中国古代铜镜由稚朴走向成熟的过渡阶段。春秋战国时期铜镜在夏、商、西周铜镜的基础上，有了突飞猛进的全面发展。无论是铜镜的铸造工艺，还是铸造的数量，都大大超过了以前。这一时期的铜镜制作多精巧轻薄，钮细小，一般铸有精美纹饰，最常见的有山字纹、龙凤纹、花叶纹、连弧纹、菱形花纹等。

　　两汉时期，伴随社会经济的发展，文化艺术空前繁荣，铜镜铸造业水平也得到不断提升。这时期铜镜的地纹逐渐消失，主纹明显而突出，铭文地位逐渐提高，且成为铜镜纹饰的重要组成部分，甚至有的铜镜纹饰完全以铭文为主，铭文种类日渐繁多，出现了纪年铭、纪地铭、纪氏铭、"日光"铭、"昭明"铭等各种类型。这一时期铜镜纹饰题材有了极大突破，出现了四神博局镜、瑞兽镜、神兽镜、画像镜等新镜类，东王公、西王母等神仙故事都成为铜镜纹饰的新题材，这些铜镜文化的新特征标志着我国铜镜文化步入了鼎盛期。

　　唐代是我国铜镜发展史上又一个新的历史时期。隋唐铜镜，较前代又有了新的发展。在铜质的合金中加大了锡的成分，这样铜镜的质地上就显得银亮，既美观又实用。特别是随着社会进入相对稳定及繁盛的阶段，这时期的铜镜亦摆脱了两汉以来的神秘怪诞气氛，更接近于现实社会大众的生活，表现手法也更加多样。

　　到两宋铜镜除了继承过去的圆形、方形、葵花形、菱花形外，葵花形、菱花形镜以六瓣形为最普遍。此外还有带柄镜、长方形、鸡心形、盾形、钟形、鼎形等多种样式。

并出现了很多花草、鸟兽、山水、小桥、楼台和人物故事装饰题材的铜镜，具有浓厚的生活气息。此外，还有一些神仙、人物故事镜和八卦镜等。在吸收前代纹样的基础上，又创造出一些新式图样。以双鱼镜、人物故事镜较为多见，特别是双鱼镜、童子攀枝镜最为流行。

元、明以后，铸镜技艺逐渐走向衰退，这时的铜镜制作粗糙，较多的只有纪年铭文而无纹饰，仿造汉镜和唐镜的风气很盛，仿制铜镜一般形体较小，纹饰模糊不清，已无往日之风采，清代中晚期以后，铜镜逐渐被玻璃镜所取代。

作为中国九大古都之一的大同，铜镜历史悠久，多年来发现了大量的铜镜。从1959年大同市博物馆建馆以来的60年中，通过发掘、收集、民间征集等多种途径，馆藏铜镜已多达300余面，时代跨越从战国到明清时期。从馆藏的大同地区出土铜镜来看，战国铜镜较少，汉代及宋辽金元时期较多，其中尤以宋辽金时期铜镜最多也最具地方特色，特别是一些别致的铜镜纹样、铭文、验记、纪年等。

战汉时期大同属代郡、雁门郡之地，此时出土铜镜多呈时代风格。北魏时期大同作为其都城近百年，多沿用汉代铜镜并多有铁镜出土。辽金时期大同作为陪都，元代为大同路，是北方较为发达的地区之一，而且也是一个多民族融合聚居之地。辽金时期多见风格纤细的花卉纹镜、花鸟镜、双鱼镜及人物故事镜，又以双鱼镜和人物故事镜最多。元代铜镜多沿袭宋金风格，但镜体厚重，镜径较大。

纵观我国四千多年的铜镜发展历程，随着时代的发展，青铜镜已跨越了日常生活中照面饰容的用途，深深融入了我们的社会生活和思想意识，从最初的照容、装饰功能逐步演变为融合多种社会功能兼具美观实用价值的艺术品。对于馆藏铜镜的系统整理出版，不仅有助于了解铜镜的兴衰演变历程，而且对于研究大同地区历史发展过程中的经济、人文、社会形态、思想意识等方面也具有积极的参考作用。

目　录

镜月澄华

大同市博物馆藏铜镜

澄华

四山纹镜

战国
直径23.4厘米
大同市马家堡村沙场出土

圆形，圆钮，方钮座。座外一周双线条方形凹面环带。纹饰由地纹和主纹组合而成。地纹为羽状纹，方形环带四角及四边中点向外伸出八组连贯式的花瓣，四角的花瓣每组两瓣，在各组花瓣的顶端又连接一右旋的棒槌形长叶纹，四组花瓣及长叶纹将镜背分为均匀的四区，每区置一山字，山字右旋，底边与方钮座边平行。素缘卷边。

七乳铭文镜

汉代

直径12.3厘米

大同市南郊北魏墓群出土

　　圆形，圆钮，乳钉草叶纹钮座，钮座有四乳钉，八只草叶，每两片草叶指向一乳钉。座外以弦纹为界，有一组铭文带，铭文带外均匀排列七乳钉纹，乳钉之间饰以神兽纹，乳钉纹外饰一周平行线纹带，平行纹带外为一组锯齿纹带，锯齿纹外为一组折线纹。素缘。

连弧纹日光镜

汉代

直径8厘米

大同市博物馆藏

    圆形，圆钮，圆钮座。座外为内向八连弧纹，每条连弧纹弧顶与钮座有一条短弧线相连，连弧纹与镜缘之间饰有两周短斜线纹带，短斜线纹带间有铭文"见日之光，天下大明"，每字之间分别间有"G"纹或"田"纹。素缘卷边。

昭明镜

汉代

直径11.7厘米

1952年4月大同市怀安耿家氏墓出土

圆形，圆钮，圆钮座。座外凸面圈带及内向八连弧纹带，其外有两组斜线纹带，斜线纹带之间为铭文带，铭文为"内而清质以昭而明，光而象夫日而月，心而忽忠雍而不泄"。素宽平缘。

连弧纹镜

汉代

直径9.5厘米

大同市博物馆藏

　　圆形，圆钮，圆钮座。座外饰一圈凸起的内向八连弧纹，主纹饰区外一周宽凸棱。宽镜缘，近缘处饰一周细弦纹。

四神规矩镜

汉代
直径19厘米
大同市博物馆馆藏

　　圆形，圆钮，方钮座。座外方格，纹饰分为内中外三区。内区与中区以方格隔开，方格四角内饰四枚乳钉，每边饰三组草叶纹，以弦纹隔开，中区饰八枚乳钉纹及简化博局纹将该区分为四区八等分，四区内各饰象征天地四方的青龙、白虎、朱雀、玄武四神纹，并配以鸟兽纹、羽人等。中区与外区以弦纹圈带分割，圈带内整体以云雷纹为地，圈带外饰一周锯齿纹。镜缘处饰一周云雷纹，凸缘。

君宜高位镜

汉代

直径9.2厘米

山西博物院拨交

　　圆形，圆钮，圆钮座。座外四个柿蒂纹将中区划分为四区，每区有铭文一个，合为"君宜高位"。宽素平缘。

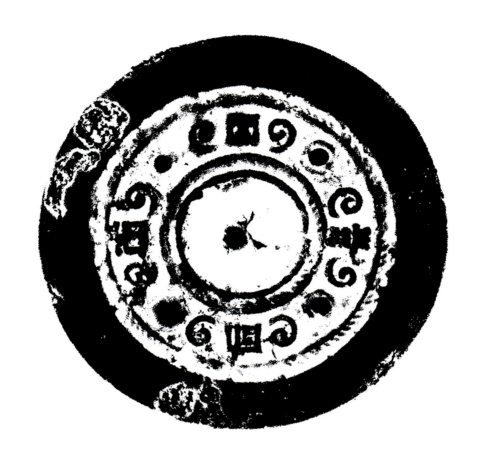

家常富贵镜

汉代

直径7.5厘米

大同市周家店出土

　　圆形，圆钮，圆钮座。钮座外饰两组短斜线组成的弦纹带，弦纹带间均匀分布四乳钉，乳钉间饰以"家常富贵"四字铭文。素宽缘。

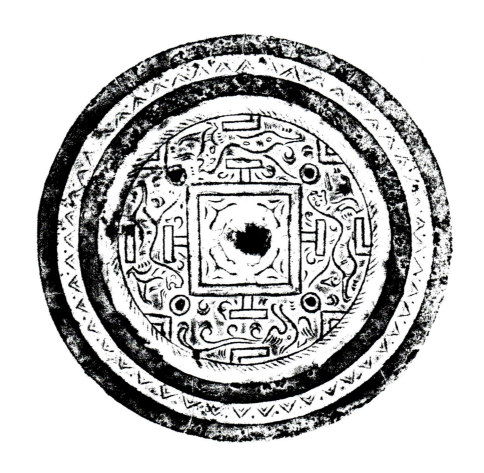

四乳四神兽规矩镜

汉代

直径11.5厘米

大同市博物馆藏

　　圆形，圆钮，柿蒂纹钮座。座外方形凹面带，规矩纹与四乳钉将镜背主题纹饰区分为四部分，分别饰有青龙、白虎、朱雀、玄武。镜缘饰一周双折线波纹。素平缘。

神人神兽画像镜

汉代

直径9厘米

大同市西郊机床厂出土

　　圆形，圆钮，圆钮座，钮座外饰一周方形双线凹带。四乳环绕镜钮将镜背分为四区，四组神人神兽纹分置其中。高浮雕的朱雀、青龙和东王公、西王母两两相对，东王公和西王母身侧均立一位侍从，镜缘处饰一周勾连云气纹。

连弧纹镜

汉代
直径10.2厘米
大同市博物馆藏

  圆形，圆钮，圆钮座。钮座外饰一周凸弦纹带，环带外内向十二连弧纹一周。双圈栉纹夹铭文带一周。素宽缘。

连弧草叶纹镜

汉代
直径13.5厘米
大同市博物馆藏

圆形，圆钮，方钮座。座外方格，格内八字铭文，方格四角延伸出四条蕉叶纹，每两蕉叶纹间分布一乳钉，乳钉两侧饰以草叶纹。内向十六连弧纹缘。

草叶纹镜

汉代
直径13.8厘米
大同市博物馆藏

　　圆形，伏兽钮，方形钮座。钮外饰小方格，再外围饰凹面大方格，凹面内有"大上富贵　常毋心思　幸毋相忘"十二字铭文，大方格四边中心向外伸出一圆形乳钉，以短弦纹相接，乳钉纹外又向外伸出一桃型花苞，两侧为对称二叠式草叶纹各一株。内向十六连弧纹缘。

七乳禽兽纹镜

汉代

直径14.2厘米

大同市幸福里出土

　　圆形，圆钮，草叶纹钮座。座外一周凸宽弦环带及短斜线纹带，主纹为七个均匀分布的乳钉，每个乳钉围三圈弦纹，乳钉间配置四神及其他神兽。镜缘处饰一周折线纹，素缘。

23

家常富贵镜

南北朝

直径16厘米

大同市赵家小村出土

　　圆形，圆钮，并蒂十二联珠纹钮座。钮座外饰一周内向十六连弧纹带，外围四乳及篆体"家常富贵"四字铭文相间配列，四乳有并蒂四叶纹座。内向十六连弧纹缘。

花枝镜

唐代

直径18厘米

大同市博物馆藏

　　八出葵花形，圆钮。钮外八朵花蕾环绕，外围联珠纹圈带，圈带外饰八朵团花。

宝相花镜

唐代
直径9.4厘米
大同市博物馆藏

　　八出菱花形，圆钮。钮外八个两端卷曲的"C"形花苞绕钮一周，向外作放射状，花朵之间相互连接。素缘。

瑞兽葡萄纹镜

唐代
直径8.7厘米
大同市南郊区城关公社新泉大队砖厂采集

圆形，圆钮。一周凸起的弦纹将镜背分为内外两区。内区四只瑞兽围绕镜钮，嬉戏于葡萄纹枝蔓中，瑞兽身旁点缀葡萄纹，葡萄果实饱满。外区为八只禽鸟飞舞于葡萄枝叶与果实之间。素缘。

双鸾衔绶葵缘镜

唐代

直径18.1厘米

大同市博物馆藏

　　八出葵花形，内切圆形，圆钮。钮两侧鸾鸟夹钮相对，头顶花冠，长颈、长尾，羽翅直立，一脚立地，一脚微曲，神采飞扬，镜钮上方为一朵双翅云头纹，下方一飞奔的天马颈上系一株荷花瓣，镜缘分别配置两两对称的折枝花、蜻蜓、流云及蜂蝶。

瑞兽葡萄纹镜

唐代
直径9.7厘米
大同市博物馆藏

　　圆形，伏兽钮。一周凸棱将镜背分为两区，内区为四瑞兽环绕于葡萄纹中，外区为四禽鸟旋绕于葡萄花枝中，两两相对，内区葡萄枝延伸至凸棱，使得整体融为一体，棱枝分辨不明显。三叶草纹缘。

对鸟镜

唐代
直径15厘米
大同市振华南街采集

　　八出葵花形，圆钮。一周凸弦纹将镜背分为内外两区，内区可见四只（其中一只残留尾部）禽鸟顺时针环绕站立，禽鸟间饰以花枝一朵。外区葵花形花瓣内相间云头纹与花枝。素缘。

花鸟镜

唐代
直径10厘米
大同市博物馆藏

　　八出菱花形，圆钮。一周凸弦纹将镜背分为内外区，内区主体纹饰为两只鸳鸯与两只雀鸟相间排列绕钮顺时针飞翔，飞鸟间饰折枝花纹。外区葵花形花瓣内相间饰蜂蝶纹、花卉纹。凸窄缘。

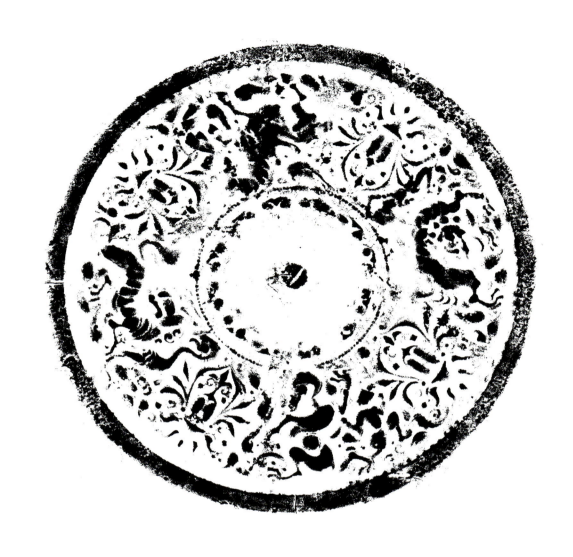

瑞兽花枝镜

唐代

直径14.3厘米

大同市振华南街出土

　　圆形，圆钮。一周细密的联珠纹将镜背分为内外两区，内区近联珠纹处饰一周瑞兽，外区四朵花环绕，花间有飞马、瑞兽、鸾鸟。素缘。

瑞兽葡萄纹镜

唐代

直径17.1厘米

大同市博物馆藏

    圆形,伏兽钮。一周凸棱将镜背分为内外两区,内区葡萄枝叶缠绕,三串葡萄沿圈带配列,六瑞兽或俯或仰,外区为一圈缠绕花枝,八只瑞兽穿行其间,如意云头纹饰缘。

瑞兽葡萄纹镜

唐代

直径13厘米

大同市博物馆藏

　　圆形，钮残缺。一周凸起的弦纹将镜背分为内外两区。内区四只瑞兽围绕镜钮，瑞兽或匍匐或仰望，嬉戏于葡萄纹枝蔓中，瑞兽身旁点缀葡萄纹，葡萄果实饱满，枝叶繁盛茂密。外区八只雀鸟飞舞于葡萄枝叶与果实之间。三叠云纹饰缘。

双鸾镜

唐代

直径18.5厘米

大同市倍家皂公社营房沟村出土

　　八出葵花形，圆钮。一周凸棱将镜背分为内外两区，内区为主纹饰区，一对鸾鸟夹钮相对，头顶花冠，振翅翘尾，一脚立地，一脚微曲，钮上方为一朵祥云纹，下方一飞奔的马颈上系有一株荷花瓣。外区花瓣内配置两两相对的折枝花、蜻蜓、流云及蝴蝶。

卐字纹镜

唐代
边长12厘米
大同市博物馆藏

　　四方委角形，圆钮。镜背以钮为中心，饰一双线"卐"字纹，转折处各填一字，合为"永寿之镜"。素缘。

瑞兽铭文带镜

唐代

直径14.5厘米

保定市满城县出土

  圆形，圆钮。镜背一周凸弦纹将镜背分为内外两区。内区以镜钮为中心，环绕一周奔跑状瑞兽，外区饰一周铭文。双线凹缘。

瑞兽葡萄纹镜

宋代

直径13.4厘米

大同市博物馆藏

    圆形，伏兽钮。双线高圈将镜背分为内外二区，内区葡萄枝叶缠绕，果实饱满，六瑞兽同向奔驰于枝蔓间，瑞兽姿态不同。外区环绕一周葡萄纹，枝蔓交错排列，葡萄串形态饱满，不同形态的禽鸟环绕其中。如意云头纹饰缘。

博局镜

唐代
直径21厘米
大同市博物馆藏

　　圆形，圆钮，圆钮座。钮座外饰双线凹面方形界格，界格内十二枚圆座乳钉和地支铭文相间分布，座外方形单弦线一周。外围双线凹面界格与博局纹将主区分为四方八区，每区置一枚乳钉和一神兽，神兽纹饰包括白虎、青龙、羽人、祥禽瑞兽等。素宽缘。

菱花形盘龙镜

宋代

直径17.5厘米

太原市南井31号墓出土

  八出菱花形，圆钮。镜背两条同向环绕的龙，首尾相接，双龙皆无角，四足，龙纹外饰一周卷云纹。素窄镜缘微凸。

亚字形素面镜

宋代
边长12厘米
大同市博物馆藏

亚字形，圆钮，通体素面，素宽缘。

单龙镜

宋代
边长6厘米
大同市博物馆藏

　　方形，半球形钮。镜背一龙绕钮盘曲整个主体区域，首尾几乎相接，张口瞋目，龙须飞扬。龙身粗壮有力，左前爪前伸做腾飞之势，一后肢与尾相缠，龙口大张作吞珠状，口前有一火焰状宝珠。龙身麟纹呈菱格状分布，龙脊背鳍起伏有致，龙身外饰云纹。素宽缘。

双凤镜

宋代
直径5.7厘米
大同市博物馆藏

圆形，圆钮。镜背双凤同向环绕，铺满镜背，细颈弯曲，双翅伸展，身上羽毛丰满，长尾飞扬回环，一凤四枝尾羽弯曲飞扬似水波纹，一凤尾羽似飘带飞扬，双凤首尾间饰牡丹花纹。素缘。

双凤镜

宋代
直径17.5厘米
大同市文管所移交

    圆形，扁圆钮。双凤作相对式排列，凤首隔钮上下相对，均展开双翅，双翅与尾羽沿着内圈舒展延伸，一凤尾羽向左上卷曲，尾羽作缠枝花草纹，另一凤尾羽向右下舒展，四根细长而有齿状的尾羽弯曲似水波纹，周身皆饰祥云纹。素缘。

云龙纹镜

宋代

直径6.5厘米

大同市建筑工程公司一工区沙场出土

　　圆形，山字形钮。采用高浮雕的表现技法，镜背主题纹饰为一绕钮呈"C"形环绕的龙纹，体态健硕，神龙瞠目张口，欲吞宝珠，龙躯翻腾雄健，背脊明显，鳞片层叠，鬃毛飘扬，双爪前伸，尾部与后肢相互缠绕，周身饰以浮雕祥云纹。宽素缘。

云龙纹镜

宋代

直径6.5厘米

大同市博物馆藏

  圆形，山字形钮。采用高浮雕的表现技法，镜背主题纹饰为一绕钮呈"C"形环绕的龙纹，体态健硕，神龙瞪目张口，欲吞宝珠，龙躯翻腾雄健，背脊明显，鳞片层叠，身前双爪前伸，尾部与后肢相互缠绕，周身饰以浮雕祥云纹。宽素缘。

花鸟纹菱花形镜

宋代
直径9.5厘米
大同市博物馆藏

　　八出菱花形，圆钮。两周凸起的弦纹将镜背分为三区，内圈弦纹较高。内区与中区四只禽鸟环绕一周，禽鸟间饰缠枝花草纹。外区缘内饰卷云纹，素窄缘。

人物观瀑图镜

宋代
直径16厘米
大同市博物馆藏

　　圆形，圆钮。钮左侧有人物两个，一妇人席地而坐，身前有花草两株，身后立一双手捧物童子，童子身后有竹林。人物对面为高山流水，山崖上滚下的河水，在镜最下边翻腾起水波纹，水中盛开两朵莲花。钮上方刻有铭文"尚家"，两字上方一对鸾鸟振翅飞翔，图案外围凸起的双线环绕。素缘。

湖州镜

宋代
直径12.6厘米
大同市九龙中学出土

八出葵花形，圆钮。钮右侧单线长方形框内铸铭文"湖州仪凤桥石家一色青铜镜"十二字。素缘。

双凤联珠纹镜

宋代

直径11.8厘米

大同市博物馆藏

圆形，圆钮。镜背双凤隔钮作对称式，展翅飞翔，双翅展开较宽，羽翼振起，尾羽像一片叶纹，舒展自然，近缘处一圈乳钉纹。素缘。

卍字纹镜

宋代

直径14.3厘米

大同市博物馆藏

    圆形，圆钮。镜背以钮为中心饰一双线"卍"字纹，外围一周联珠纹。素缘。

龙虎镜

宋代

直径8.8厘米

大同市博物馆藏

　　圆形，圆钮，圆钮座。镜钮左右高浮雕一龙一虎，相对均呈嘶吼状，龙虎体态健硕，毛发鳞片皆精，龙口大张，利齿突现，虎睛圆睁，显得亢奋激昂，龙虎后半身均被压于钮下。镜钮下部，一鹿一禽鸟相互亲昵。主纹饰外环绕一圈铭文带，铭文为"青盖作竟自有记辟□不羊宜古市常保二得□孙子□吏高官□□□"，近缘处饰一圈短斜线带。素缘。

龙虎镜

宋代

直径14.6厘米

大同市博物馆藏

　　圆形，圆钮。镜背浮雕二龙一虎，龙虎作对峙状，皆口吐长舌，龇牙咧嘴，其中一龙一虎对首嘶吼，作相搏状，另一龙亦张口嘶吼，作追逐状，纹饰外为细斜线纹，镜缘处饰一周锯齿纹及波折纹。素缘。

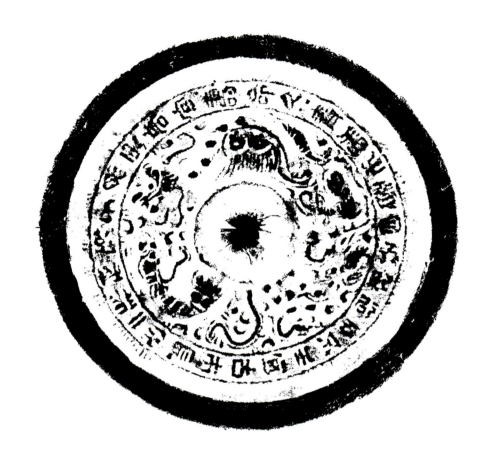

龙虎镜

宋代

直径9.1厘米

大同市博物馆藏

　　圆形，圆钮，圆钮座。一周凸弦纹将镜背分为内外两区，内区浮雕一龙一虎，龙虎作对峙状，皆口吐长舌，龇牙咧嘴，外区饰一周铭文带，近缘处饰一周短斜线纹带。素缘。

家常富贵镜

宋代
直径9.8厘米
大同市博物馆藏

圆形，圆钮，圆钮座。座外一周凸起的圈带，镜背环绕分布四乳，将镜面划为四区，每区一字，合为"家常富贵"，每字两侧有一禽鸟，双歧冠，覆翼，尾卷曲，二禽夹字相对。素宽缘。

家常富贵镜

宋代

直径12厘米

大同市九龙中学在西门外出土

    圆形，圆钮，圆钮座。钮座外为一周凸起的圈带，两周弦纹带间饰四乳及"家常富贵"铭文，每字两侧各有一禽鸟，两禽夹字相对，双歧冠，卷尾。宽缘素边。

瑞兽葡萄纹镜

宋代

直径12.5厘米

大同市博物馆藏

　　圆形，伏兽钮。一周凸纹将镜背分为内外两区，内区浮雕六瑞兽及枝蔓，枝蔓中瑞兽或作伏卧状或作奔跑状，外区缠绕一周花枝纹，不同形态的瑞兽禽鸟环绕其中。如意云纹饰缘。

瑞兽葡萄纹镜

宋代
直径16.7厘米
大同市西郊塑料厂南侧出土

　　圆形，圆钮。高圈凸棱将镜背分为内外两区，内区浮雕六瑞兽，间饰葡萄纹，外区饰
一周葡萄纹，不同形态的禽鸟间饰其中。如意云纹饰缘。

仙人龟鹤齐寿镜

宋代

直径14.4厘米

大同市城东牛儿庄出土

　　圆形，圆钮。钮右侧一树，树干粗壮，枝叶左垂，树下坐一仙人，着长袍，有头光，双手合拢，左侧一侍者足蹬祥云，面向镜钮，钮下竹草丛生，仙鹤与灵龟昂首向仙人。素缘。

瑞兽葡萄纹镜

宋代

直径10.8厘米

大同市三中围墙外九龙中学出土

　　圆形，伏兽钮。一周凸棱圈将镜背分为内外两区，内区浮雕瑞兽与葡萄纹，外区形态各异的禽鸟环绕于葡萄枝蔓中。叠云纹饰缘。

瑞兽葡萄纹镜

宋代
直径17.4厘米
大同市博物馆藏

　　圆形，伏兽钮。一周凸起的弦纹将镜背分为内外两区。内区六只瑞兽围绕镜钮，瑞兽或匍匐或仰望，嬉戏于葡萄纹枝蔓中，瑞兽身旁点缀葡萄纹，葡萄果实饱满，枝叶繁盛茂密。外区八只雀鸟飞舞于葡萄枝叶与果实之间，三叠云纹饰缘。

瑞兽葡萄纹镜

宋代

直径14厘米

大同市博物馆藏

圆形，伏兽钮。一周高线圈将镜背分为内外两区，内区六瑞兽环绕于葡萄纹中，外区葡萄纹均匀分布，有瑞兽穿行其中。流云纹饰缘。

家常富贵镜

宋代

直径10厘米

大同市博物馆藏

　　圆形，圆钮，圆钮座。座外凸面圈带及两组由短斜线组成的弦纹带，弦纹带间"家常富贵"四字铭文及四乳钉纹相间分布，四乳各配以一圈弦纹，每字两侧各一禽鸟，双歧冠，卷尾，夹字相对。宽素缘。

日光镜

宋代

直径6.5厘米

大同市博物馆藏

　　圆形，圆钮，圆钮座。钮座外为一圈内向八连弧纹，钮座与连弧纹带以弧线相连，连弧纹外为两条细弦纹带，其间配置铭文，铭文疑为"见日之光，天下大明"。素缘。

龙虎镜

宋代

直径10.9厘米

大同市博物馆藏

　　圆形，圆钮。镜背浮雕一龙一虎，龙虎作对峙状，皆口吐长舌，龇牙咧嘴，其外饰一周斜条纹带，镜缘处一周锯齿纹及波折纹。素缘。

诗文镜

宋代

直径9厘米

大同市机床厂出土

圆形，圆钮。主纹为铭文："莹然无垢，如月在天，正容对之，于中见贤"，近缘处饰一周短横线纹及锯齿纹。

云龙纹镜

宋代
直径6.4厘米
大同市博物馆藏

  圆形，"山"字形钮。采用高浮雕的表现技法，镜背主题纹饰为一绕钮呈"C"形环绕的龙纹，体态健硕，神龙瞪目张口，欲吞宝珠，龙躯翻腾雄健，背脊明显，鳞片层叠，鬃毛飘扬，双爪前伸，尾部与后肢相互缠绕，周身饰以浮雕祥云纹。宽素缘。

云龙纹镜

宋代

直径8.7厘米

大同市福康里出土

　　圆形，"山"字形钮。采用高浮雕的表现技法，镜背主题纹饰为一绕钮呈"C"形环绕的龙纹，体态健硕，神龙瞠目张口，欲吞宝珠，龙躯翻腾雄健，背脊明显，鳞片层叠，鬃毛飘扬，双爪前伸，尾部与后肢相互缠绕，周身饰以浮雕祥云纹。素缘。

童子穿花镜

宋代
直径12厘米
大同市博物馆藏

　　圆形，圆钮，圆钮座。一周联珠纹将镜背分为两区，内圈以钮为中心饰五朵花叶纹。外圈四童子俯卧手持折枝莲花嬉戏于花枝间，外围蜂蝶旋绕一周。立缘。

连弧纹铭文镜

宋代
直径10.5厘米
大同市博物馆藏

　　圆形，圆钮，圆钮座。钮座外为一周凸弦纹带，环带外饰内向十二连弧纹一周，双圈栉纹夹铭文带一周。素宽缘。

素面镜

宋代

直径13.8厘米

大同市博物馆藏

　　圆形，圆钮。钮右有一个凸起的长方形，内有铭文"湖州大泉分□□记"八字，素面。双线素凹圈缘。

日光镜

宋代

直径6厘米

大同市博物馆藏

    圆形，圆钮，圆钮座。座外一圈内向八连弧纹带，两条细弦纹带之间为铭文带，铭文为
"日月之光"，每两字之间饰以"ᱬ"纹，弦纹带两侧为两组短斜线纹带。素缘卷边。

龟鹤灵寿镜

宋代

直径6.5厘米

大同市博物馆藏

　　圆形，圆钮，花瓣形钮座。钮上下左右有"龟鹤灵寿"四字九叠篆书铭。素宽缘。

铭文镜

宋代

直径7.7厘米

大同市博物馆藏

    圆形，圆钮，圆钮座。钮座外饰内向十二连弧纹一周。连弧纹外双凸弦纹夹铭文带一周，铭文带外围环绕一周短斜线纹。素宽缘。

瑞兽葡萄纹镜

宋代
直径25厘米
大同市博物馆藏

　　圆形，蛙钮。单线高圈将镜背分为内外两区，内区六瑞兽攀缘于葡萄枝蔓间。瑞兽丰腴矫健，姿态各异。外区八只或飞翔或栖立的禽鸟成圈环绕在花卉之间，图纹细密、叶实累累。素缘。

花卉镜

辽代

直径13厘米

大同市四牌楼西南地下通道出土

　　圆形，圆钮，花瓣座。座外环绕五朵折枝花卉，柔枝细叶，刻画细密，其外环列一周联珠纹。素缘。

人物故事镜

辽代

直径8.7厘米

大同市火车站西北出土

圆形，圆钮。钮下一桥，桥下河水流淌，钮两侧各有一树，枝叶横生至镜上部。树前各站一人双手捧物，二人中间一衔绣球狮子作奔跑状。钮上有一凸起的横脊，上有一人双手捧物前行，钮上近缘处一长方形框内有"西运司局监造官□"八字铭文。素缘。

人物故事挂镜

辽代
直径6.5厘米
大同市四牌楼地下通道出土

圆形。镜背一株结满松果的松树下有两个人，前面的长者持龙头杖，后面有一侍者相随，远处是层峦叠嶂的山峰草木，近缘处饰一周联珠纹，镜缘出一带孔钮。窄素缘。

盘龙纹挂镜

辽代

直径6.8厘米

大同市博物馆藏

圆形，无钮。一龙盘曲，龙身龙尾几乎绕成一个圆形，龙身粗壮，龙口大张，前肢张开，一后肢与龙尾缠绕。镜缘出一带孔钮。

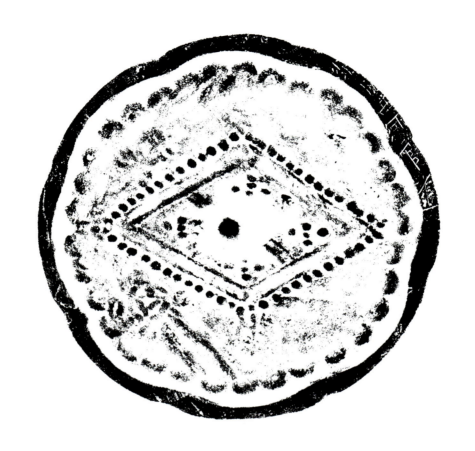

花卉纹镜

辽代

直径9.2厘米

大同市博物馆藏

八瓣葵花形，圆钮。钮上、下、左、右菱形分布一点状花瓣，外围一周弦纹及联珠纹菱形带，联珠纹带外布满花卉纹。素缘，缘上刻有验记。

八曲云龙纹镜

辽代

直径19.9厘米

大同市博物馆藏

　　八曲菱花形，伏兽钮。镜背双龙绕钮首尾相接，前、后肢伸张，露爪，龙身四周饰八团形状相同的云纹，龙的背鳍、腹甲、鳞片以及细密的肘毛、须发均刻画细致。素缘。

四乳四螭镜

金代

直径11.7厘米

大同市博物馆藏

　　圆形，圆钮，圆钮座。钮座外放射几组短斜线纹。钮座外两周短斜线纹带间的四乳与四神相间分布。宽素镜缘，镜缘处刻有验记"丰州录事司官千夫"铭。

犀牛望月仙人镜

金代
直径18厘米
大同市博物馆藏

　　圆形，圆钮。镜面上半部分为浓密有致的云朵及一牙月半弯，左边两人作揖状立于石礁上，右侧一人蹲坐于树下，下方一牛仰头望向上空，整个地面波浪翻滚，钮左上方有铭文"刘三"两字。素宽缘。

花卉纹镜

金代
直径14.2厘米
大同市博物馆藏

　　八出菱花形，小圆钮。近缘处一周联珠纹带将镜背分割为内外两区，内区以钮为中心对称分布一组折枝花卉及花枝，纹饰纤细秀丽，联珠纹带及镜缘之间有一组花草纹。素缘，缘上刻有官府验记。

花卉纹镜

金代

直径14.2厘米

大同市博物馆藏

　　八出菱花形，小圆钮。近缘处一周联珠纹带将镜背分割为内外两区，内区满布折枝花卉纹，纹饰纤细秀丽，联珠纹带及镜缘之间有一组云纹。素缘，缘上刻有官府验记。

花卉纹镜

金代

直径8.9厘米

大同市博物馆藏

　　圆形，圆钮，素宽缘。镜背满饰花卉纹，近缘处有一周凸起的弦纹。缘上刻有 "□一日"三字。

双鱼镜

金代

直径15.5厘米

大同市博物馆藏

    圆形，圆钮。近缘处一周凸起的弦纹将镜背分为内外两区，内区双鱼首尾相近，鱼身肥腴，侧身摆尾，鱼尾向镜钮方向回折，衬以水波纹，外区为一周水草纹，流动回旋。素缘。

双鱼鲛人纹镜

金代

直径22厘米

大同市博物馆藏

　　圆形，拱形钮。钮外一周凸弦纹将镜背分为内外两区，内区以钮为中心环绕一周莲花，两童子嬉戏期间。外区以水波纹为底，鲛人、双鱼、羊、牛、马逆时针环绕其中，作奔跑，游动状。素缘。

鸿雁穿花镜

金代

直径14.3厘米

大同市九龙中学西门外出土

圆形，圆钮。镜背下凹，满饰缠枝花卉，其间花朵绽放，花枝间有四仙鹤振翅飞翔，形象生动活泼，素宽缘。

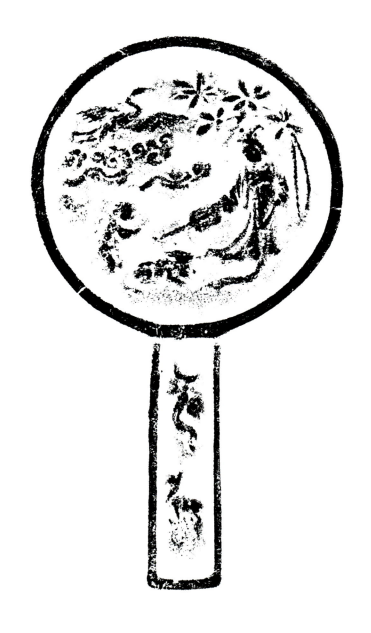

人物故事具柄镜

金代

直径8.5、柄长7.1厘米

大同市博物馆藏

    圆形，长柄。镜背右侧有一树，枝叶繁茂，伸向前方，树下立一妇人，裙带飘飘，右手执一物指向一捧桃小猴，中间地上有一小动物伏地，天上仙鹤飞于云端，柄上饰有一鹿抬头望月。窄素缘。

人物故事具柄镜

金代
直径8.6、柄长8.3厘米
大同市博物馆藏

　　圆形，长柄。镜背左侧有一树，枝叶繁茂，伸向前方，树下坐一妇人手持乐器弹奏，身前有一盆兰花，迎面有两个侍女手中捧物站立，柄上饰花卉纹。窄素缘。

双鱼镜

金代

直径10.7厘米

大同市北村西北出土

　　圆形，圆钮。镜背双鱼绕钮首尾相近，鱼身较肥，侧身摆尾，鱼尾向镜钮方向回折，衬以水波纹，外区为一周水草纹，流动回旋。素缘。

龙虎镜

金代

直径9.3厘米

大同市保管所收集

圆形，圆钮，圆钮座。镜钮左右高浮雕一龙一虎，相对，均呈嘶吼状，口大张，利齿突现，虎睛圆睁，显得亢奋激昂，龙虎后半身均被压于钮下。镜钮下部，一鹿一禽鸟相互亲昵。主纹饰外环绕一圈铭文带。素缘，缘上刻有官府验记。

龙虎镜

金代

直径11.2厘米

大同市南关南街路旁窖藏出土

　　圆形，圆钮。镜钮左右高浮雕一龙一虎，虎踏腰在下，龙跨身其上。龙口大张，利齿突现，口吐舌信，虎睛圆睁，回首相戏，场面亢奋激昂，龙虎后半身均被压于钮下，主纹饰外环绕一圈铭文带，铭文带外饰两周短斜线纹。素缘。

花卉纹镜

金代

直径11.7厘米

大同市博物馆藏

圆形，圆钮。镜背满饰花卉纹，近缘处饰一周联珠纹，缘上刻有官府验记，素宽缘。

双龙镜

金代

直径19厘米

大同市博物馆藏

  圆形，扁平钮。镜背两龙环钮，头尾相接，龙首、四肢、背鳍、鳞片刻画清晰，龙口微张，曲颈昂首，龙角竖起，张牙舞爪，尾部缠绕一后肢，近缘处饰一周祥云纹。素缘。

许由巢父故事镜

金代
直径14.6厘米
大同市博物馆藏

　　圆形，圆钮。镜背纹饰上、下分为水陆两部分，分界处上面大致平坦但微有起伏，下面为行距不等、形状不一且不规则的图纹，似桥非桥，可能表示河岸。陆上左侧有一大树，枝叶繁茂，两侧有山。树左侧许由坐地上，右手弯曲抬至耳部，右侧巢父牵牛而行，右手指向许由，水中有波浪，中有一花草图案。素缘。

吴牛喘月镜

金代

直径13.7厘米

大同市博物馆藏

　　圆形，圆钮。镜背满饰水波纹，一犀牛立于镜钮左侧正欲涉水而过，钮上、下各一如意云纹托起一弯新月，钮右侧有植物，近缘处饰两周锯齿纹及一周弦纹。素缘。

龙虎镜

金代

直径11.2厘米

大同市博物馆藏

圆形，圆钮。内区饰双龙一虎，其中一龙一虎对首嘶吼，作相搏状，另一龙亦张口嘶吼，作追逐状，镜缘处饰一周锯齿纹。素缘。

龙虎镜

金代

直径13.5厘米

大同市新添堡出土

    圆形，圆钮，圆钮座。镜背饰双龙双虎，高浮雕而成，龙虎对立，怒目巨口，神态威严，四兽同向奔驰，兽间以云纹补空，其外有锯齿纹带环绕。素缘。

双鱼镜

金代

直径13.9厘米

大同市解庄村出土

  圆形，圆钮。一周凸弦纹将镜背分为内外两区，内区有两条鲤鱼水中嬉戏，摇头摆尾，水波翻腾成涡纹，鱼鳞清晰，水波细密，外区饰一圈花枝蔓叶。素缘。

人物故事镜

金代
直径17.5厘米
大同市西郊金墓出土

　　圆形，拱形钮。钮两侧有树，树干挺拔，枝叶横生。右侧树下一人依树斜躺，右手捧书而读，对面两侍女托盘，盘中有物。钮下有桥，桥下溪水奔流，卷起波澜。扁平缘。

许由巢父镜

金代

直径18厘米

大同市蔡家窑村出土

圆形，圆钮。镜背两侧饰有两座山峰，钮下河流绕过的三角坡地上有一高士蹲坐洗耳，左侧一人牵牛对望，扬手作问，牛身侧摆。其身后山峦起伏，平地处一株柳树枝叶随风飘拂。河水从镜背下部流过，近缘处的陆水相接处生有一小丛花草。河水上游有一条小船，船头半露出于镜钮左侧的山石之后。素缘。

花卉纹镜

金代

直径27厘米

大同市二医院金代墓出土

　　圆形，圆钮。以钮为中心生出四根枝蔓，每根枝蔓上生发两朵菊花，一大一小，花枝纤细秀丽，呈环绕状布满镜背，外饰一周联珠纹。素缘。

葵花形素面镜

金代

直径15厘米

大同市南关南街路旁窖藏出土

　　八出葵花形，圆钮。钮右有长方格铭："荆南郑家镜子"。

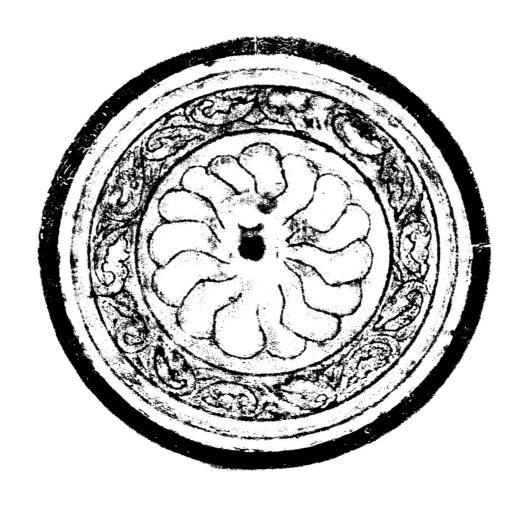

花卉纹镜

金代

直径17.3厘米

大同市南关南街路旁窖藏出土

圆形，圆钮。镜背以两道弦纹分为内外两区，内区以钮为中心饰一朵菊花，外圈环绕一周缠枝花卉纹带，镜缘上有刻记"弘州司□□□"。素缘。

许由巢父镜

金代

直径17.9厘米

大同市博物馆藏

　　圆形，圆钮。镜背两侧饰有两座山峰，钮下河流绕过的三角坡地上有一高士蹲坐洗耳，左侧一人牵牛对望，扬手作问，牛身侧摆，其身后山峦起伏，平地处有一株柳树，枝叶随风飘拂，河水从镜背下部流过，近缘处的陆水相接处生有一小丛花草，河水上游有一条小船，船头半露出于镜钮左侧的山石之后。素缘。

仙人鹤寿镜

金代

直径17.1厘米

大同市南关南街路旁窖藏出土

　　圆形，圆钮。钮左有树，树干挺拔，枝叶横生。树下山门虚掩，一侍女侧身托盘，盘中有物。钮下有桥，桥下溪水奔流，卷起波澜。桥上有一仙鹤扇起一翅，回首叼啄羽毛。钮右侧石上端坐一仙人，岩石边站立一童女，手向前指，似向仙人述说。素缘。

双鱼镜

金代

直径15.8厘米

大同市电力公司工地出土

　　圆形，圆钮。双鱼首尾相接，鱼纹以浮雕技法刻画，精细入微，体态肥硕，形态灵动欢悦，张鳃鼓鳍，尾鳍翻折，长背鳍，鳞片分明，其余空间满铺水波纹，双鱼似在其中翻转漫游。素宽缘。

双鱼镜

金代

直径16.7厘米

大同市北郊卧虎湾出土

　　圆形，圆钮。镜背满饰水波纹，内里双鱼首尾相近，同向游动，鱼身较肥，侧身摆尾，鱼尾向镜钮方向回折，外区为一周水草纹，流动回旋。素缘。

缠枝花卉纹镜

金代
直径12.4厘米
大同市博物馆藏

　　八出菱花形，圆钮。镜背布满折枝花卉纹，主纹是四组盛开的花朵，花瓣绽放，花蕊挺立，四组花卉的枝蔓缠绕并交结在一起，外侧又以弦纹环绕，纹饰纤细秀丽。素缘。

双鱼镜

金代

直径21.3厘米

大同市货场院内发现

　　圆形，圆钮。镜背双鱼首尾相接，鱼纹以浮雕技法刻画，精细入微，体态肥硕，形态灵动欢悦，张鳃鼓鳍，尾鳍翻折，长背鳍，鳞片分明，其余空间满铺水波纹，双鱼似在其中翻转漫游。素宽缘。

花卉纹镜

金代

直径7.8厘米

大同市博物馆藏

　　圆形，圆钮。以镜钮为花蕊镜背饰一朵莲花，钮下为花枝，外围环绕一周凸起的弦纹。素缘。

双龙镜

金代

直径12.1厘米

大同市博物馆藏

　　圆形，圆钮。采用高浮雕的表现技法，钮两端各饰浮雕飞龙，两飞龙首尾相接，昂首盘旋，张口露齿，体态雄浑，四肢矫健颀长，龙角后延，躯体婉转强劲，麟甲层叠，一爪前伸，尾部与后肢相互缠绕，身周饰祥云纹。素宽缘。

龙虎镜

元代

直径10.27厘米

大同市汽车公司大修厂元墓出土

　　圆形，圆钮，圆钮座。一周凸弦纹将镜背分为内外两区，内区为主纹饰区，饰双龙一虎，绕钮奔腾，高浮雕龙虎神态各异，造型夸张，张口怒目，气势磅礴，趾爪犀利，外区饰圈锯齿纹及一圈折线纹。素缘。

至正七年瑞兽葡萄纹镜

元代

直径20厘米

大同市博物馆藏

　　圆形，伏兽钮。镜背一圈凸弦纹将镜背分为内外二区，内区葡萄枝叶缠绕，果实饱满，六瑞兽同向奔驰于枝蔓间，瑞兽姿态不同。外区环绕一周葡萄枝蔓，交错排列，葡萄串形态饱满，不同形态的禽鸟环绕其中。镜缘饰如意云头纹，缘侧面刻有"至正七年周家造"铭文。

双鱼镜

元代

直径17.7厘米

大同市安康里出土

　　圆形，圆钮。镜背双鱼首尾相近，衬以水波纹，鱼身较宽，侧身摆尾，鱼尾向镜钮方向回折，四周水波流淌回旋形成条带波纹。素宽缘。

秘戏图镜

元代

直径7.3厘米

大同市博物馆藏

  圆形，伏兽钮。三条凸起的线条以钮为中心将镜背分割为六个三角形区域，每区内有一幅凸起的秘戏图，外圈饰一周联珠纹。镜缘处刻有铭文"右街僧官□"。素窄缘。

素面镜

元代

直径17.8厘米

大同市九龙中学西门外出土

　　圆形，圆钮，镜背光素无纹。素缘。

素面镜

元代

直径8.3厘米

大同市建筑工程公司一工区沙场出土

　　圆形，圆钮，镜背饰一周高凸起的弦
纹。素缘。

八卦十二生肖铭文镜

元代

直径34厘米

大同市右玉马家村出土

　　八出菱花形，圆钮。以镜钮为中心以四条凸起的环绕线条将镜背分为五个区域。由内而外五个区域内依次为"乾、坤、巽、兑、艮、震、离、坎"八字铭文、八卦纹、十二生肖图案，篆体铭文"水银呈阴精，百炼得为镜，八卦寿象备，卫神永保命"及勾连云纹。素缘。

仙阁人物多宝镜

明代
直径9.7厘米
大同市博物馆藏

　　圆形，银锭钮。纹饰由上至下排列，最上方中心有一座仙阁，两侧为展翅高飞的仙鹤，鹤下各一花叶；钮上为画卷，两侧各两人，手持不同物品。钮下有一盛开的莲花，两侧为凤鸟、宝相花，下饰花瓣。立缘。

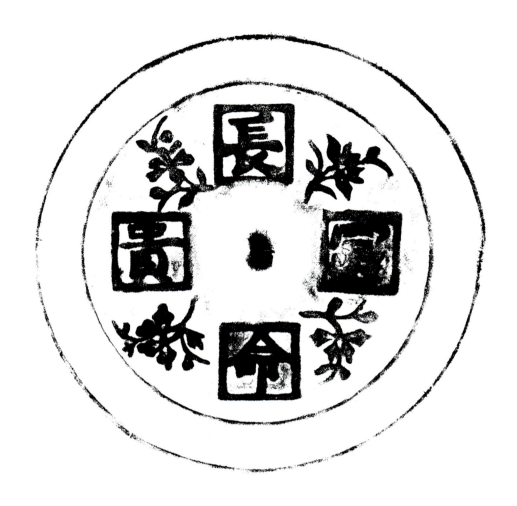

长命富贵镜

明代

直径11厘米

大同市博物馆藏

  圆形，圆钮。钮上、下、左、右各有一个凸起的方框，框内各有一字铭，合为"长命富贵"四字，字体规整，四字之间有花叶纹。双线素凹圈缘。

双鱼镜

明代

直径12.4厘米

大同市博物馆藏

　　圆形，扁平钮。镜背饰两条折尾同向环绕游动的金鱼，鱼尾向镜钮回折，形象略显生硬。双线素凹圈缘。

状元及第镜

明代

直径9.8厘米

大同市博物馆藏

　　圆形，扁圆钮。钮上、下、左、右各有一个凸起的方框，框内各有一字铭，合为"状元及第"四字。双线素凹圈缘。

多宝人物镜

明代

直径6.3厘米

大同市博物馆藏

　　圆形，银锭钮。钮上方为一聚宝盆，下方有一瑞兽，作奔跑状。左右两侧各有一侍者，手持宝物，面向镜钮。素缘。

花卉纹镜

明代

直径17.7厘米

大同市博物馆藏

　　圆形，伏兽钮。钮外饰一圈凸起的联珠纹，其外两条凸起的弦纹带内为三朵缠枝菊花，花态各异，周围以菊叶填充，生活气息浓郁。窄素缘。

芦雁纹镜

明代

直径7.1厘米

大同市博物馆藏

　　圆形，扁圆钮。镜背钮左侧水中有一丛芦苇，右侧有一枝盛开的荷花，空中有一只大雁展翅飞翔，近缘处饰一周凸起弦纹。立沿。

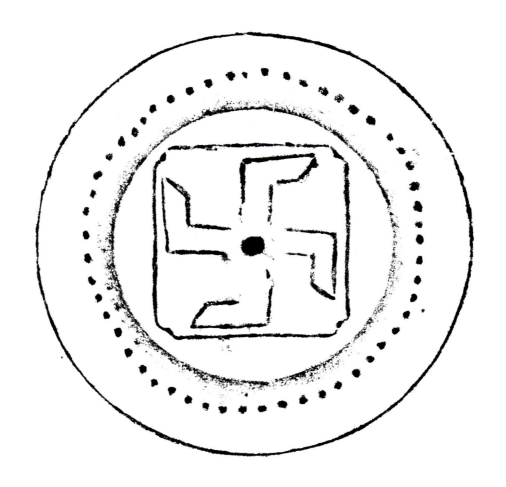

卐字联珠纹镜

明代

直径12.8厘米

大同市博物馆藏

    圆形，圆钮。以钮为中心有一凸起的折角方框，框内为一个大的双线"卐"字纹，近缘处饰一周联珠纹。素卷缘。

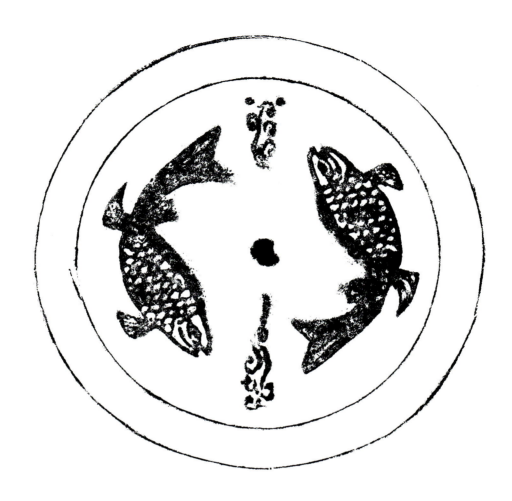

双鱼镜

明代
直径11.6厘米
大同市博物馆藏

圆形，扁平钮。镜背饰两条折尾同向环绕游动的金鱼，鱼尾向镜钮回折，镜钮上、下方各有一株水草。双线素凹圈缘。

龙纹镜

明代

直径11.4厘米

大同市博物馆藏

  圆形，山形钮。镜背为一龙飞腾于云中，龙首位于钮下，身躯蜿蜒盘曲于上，前肢伸张，一后肢与尾相缠，另一后肢仅露出舞爪。龙首前云雾缭绕，左侧一长方形竖框内有"洪武二十二年正月日造"铭文。素宽缘。

家常富贵镜

明代

直径9.9厘米

大同市南门外城区二十三校墓葬出土

　　圆形，圆钮，圆钮座。钮座外饰一周凸起的圈带，两周弦纹带间饰四乳及"家常富贵"四字铭文，相间分布，每个字两侧有一禽鸟，双歧冠，覆翼，尾卷曲，两禽夹字相对。素宽缘。

昭明镜

明代

直径14.4厘米

大同市博物馆藏

　　圆形，圆钮，圆钮座。座外饰一周内向八连弧纹带，连弧纹外两圈弦纹带之间有铭文"内清以昭明，光象夫日月"，每两字间以"日"字，弦纹带两侧为两组短斜线纹。素宽缘。

双龙镜

明代

直径11.8厘米

大同市博物馆藏

　　圆形，圆钮。镜背饰首尾相接的二龙，双龙飞舞，龙身盘曲，周身点缀流云纹，三爪苍劲有力，形态凶猛。素缘。

素面镜

明代

直径16.8厘米

大同市博物馆藏

圆形，平顶圆钮，镜背光素无纹。双线凹圈缘。

素面镜

明代

直径5厘米

大同市雁北师院出土

圆形，平顶圆钮，镜背有一周凸起的弦纹。立缘。

正其衣冠镜

明代

直径8.2、边缘宽0.4厘米

大同市博物馆藏

　　圆形，弓形钮。钮左、右各有凸起两字，合为"正其衣冠"四字。双线素凹圈缘。

马小山造素面镜

明代

直径9厘米

大同市财政局移交

　　圆形，平顶圆钮。钮顶铸有"马小山造"四字，镜背光素无纹。

素面镜

明代

直径10厘米

大同市西郊四二八厂出土

　　圆形，扁平圆钮，通体光素无纹。

家常富贵镜

明代

直径15.8厘米

大同市博物馆藏

　　圆形，圆钮，并蒂十二联珠纹钮座。钮座外为一周内向十六连弧纹带，镜背四乳及
"家常富贵"四字铭相间排列，四乳有并蒂四叶纹座。内向十六连弧纹缘。

日光镜

明代

直径8厘米

大同市财政局移交

　　圆形，平顶圆钮，圆钮座。钮座外为一周内向十二连弧纹，镜背两周双线短斜线纹带间有铭文"见青日之光，天下马大明"，"青马"二字以镜钮为中心对称分布。素宽缘。

仙阁人物多宝镜

明代

直径12.4厘米

大同市博物馆藏

　　圆形，银锭钮。纹饰由上至下排列，最上方中心有一座仙阁，两侧各卧一只瑞兽，瑞兽下各一花叶、银锭；钮上为宝钱，两侧各两人，手持不同物品。钮下有两组上下排列的宝钱，靠上一组两侧为祥云、犀角，下面两侧为仙鸟、银锭，宝钱下有一聚宝盆，左边有一宝钱，右边有一犀角。立沿。

素面镜

明代

直径13.1厘米

大同市东关北园第三处一段出土

圆形，扁平圆钮，镜背饰三周弦纹。素宽缘。

仙阁人物多宝镜

明代
直径10厘米
大同四中花园外北侧发现

圆形，银锭钮。纹饰由上至下排列，最上方中心为一座仙阁，两侧为展翅高飞的仙鹤，鹤下各一花叶；钮上画卷，两侧各两人，手持不同物品。钮下有一莲花，两侧为凤鸟、宝相花，下饰花瓣。立沿。

四乳四虺镜

明代

直径7厘米

大同市博物馆藏

　　圆形，圆钮，圆钮座。座外饰两组弦纹带，镜背四乳与四蟠虺纹相间分布，四乳带圆座，四虺成钩形躯体。宽素缘。

仙阁人物多宝镜

明代
直径9.8厘米
大同市博物馆藏

　　圆形，银锭钮。纹饰由上至下排列，最上方中心一座仙阁，两侧为展翅高飞的仙鹤，鹤下各一花叶；钮上为画卷，两侧各两人，手持不同物品。钮下有一莲花，莲花两侧为凤鸟及宝相花，下饰花瓣。立沿。

仙阁人物多宝镜

明代

直径9.7厘米

大同市博物馆藏

　　圆形，银锭钮。纹饰由上至下排列，最上方中心一座仙阁，两侧为展翅高飞的仙鹤，鹤下各一花叶；钮两侧各立两人，手持不同物品。钮下一莲花，两侧为凤鸟、宝相花，下饰花瓣。立沿。

仙阁人物多宝镜

明 代
直径12厘米
大同市平板玻璃厂门前出土

　　圆形，银锭钮。纹饰由上至下排列，最上方中心有一座仙阁，两侧为展翅高飞的仙鹤，鹤分别为方胜与宝钱；钮上为一朵莲花，两侧各两人，手持不同物品。钮下有一置于几上的宝鼎，宝鼎两侧各有一插花宝瓶。瓶两侧分别为犀角及宝钱。双线素凹圈缘。

多宝镜

明代

直径8.7厘米

大同市古城村沙场出土

　　圆形，银锭钮。纹饰由上至下多层次排列，最上方有一展翅高飞的仙鹤，两侧双角各一对。第二层中为方胜，两侧各有一宝珠三粒；第三层钮两侧各有一银锭，银锭外层各一人，相对而立，手持宝物；第四层为二书卷；最下方正中有一座聚宝盆，上盛仙果什物。两侧方胜与宝钱。窄立缘。

仙阁人物多宝镜

明代

直径15.2厘米

大同市博物馆藏

圆形，银锭钮。纹饰由上至下排列，最上方中心有一座仙阁，两侧为展翅高飞的仙鹤，鹤下分别有花枝、花瓣；钮上横卧一童子，两侧各三人，手持不同物品。钮下有香炉，两侧为宝瓶、童子、宝相花，下饰云纹。素宽缘。

仙阁人物多宝镜

明代

直径12.1厘米

大同市原雁北土产果品公司院内出土

　　圆形，银锭钮。纹饰由上至下排列，最上方中心有一座仙阁，两侧为展翅高飞的仙鹤，鹤下各有一花叶；钮上为画卷，两侧半蹲两人，手持不同物品。钮下有一置于几上的宝鼎，宝鼎两侧各有一插花宝瓶，瓶两侧分别为犀角及宝钱，近缘处有一周凸起的弦纹。立沿。

仙阁人物多宝镜

明代
直径11厘米
大同市博物馆藏

　　圆形，银锭钮。纹饰由上至下排列。最上方中心为一座二层仙阁，两侧为展翅高飞的仙鹤。鹤下分别为宝钱和花叶。钮上置犀角，两侧各二人，姿态各异，手中持物。钮下方有一香炉置于几案之上，两侧为宝瓶，再外侧有方胜、宝钱、双角，几下有画卷。窄立缘。

217

仙阁人物多宝镜

明代

直径9.6厘米

大同市怀安县柴镇小学塑像中掘出

　　圆形，银锭钮。纹饰由上至下排列。最上方中心为一座二层仙阁，两侧为展翅高飞的雀鸟。雀下为犀角。银锭钮，两侧各立二人，皆手中捧物，姿态各异。钮下方为香炉置于几案之上，两侧为宝瓶，再外侧为花叶，几凳下为画卷。窄立缘。

仙阁人物多宝镜

明代

直径9.6厘米

大同市怀安县柴镇小学塑像中掘出

　　圆形，银锭钮。纹饰由上至下排列。最上方中心为一座二层仙阁，两侧为展翅高飞的雀鸟。雀下为犀角。银锭钮，两侧各立二人，皆手中捧物，姿态各异。钮下方为香炉置于几案之上，两侧为宝瓶，再外侧为花叶，几凳下为画卷。窄立缘。

昭明镜

明代

直径11厘米

大同市西郊四二八厂出土

　　圆形，圆钮，圆钮座。座外为一圈凸弦纹及内向八连弧纹带，其外有两组凸弦纹带，凸弦纹之间为铭文带。宽素平缘。

昭明镜

明代

直径8.6厘米

大同市木材公司明墓出土

    圆形，圆钮，圆钮座。座外为内向八连弧纹，连弧纹带外为两周短斜弦纹带间以铭文，铭文为"内清以昭明象夫日月"。宽素平缘。

瑶台坠月镜

明代

直径11.9厘米

大同市博物馆藏

  圆形，圆钮。钮外有四个对称凸起的方框，框内楷书"瑶台坠月"四字铭。素缘。

状元及第镜

清代

直径45.5厘米

大同市博物馆藏

　　圆形，圆柱形平顶钮，钮上铸有"湖州薛惠公自造"。钮外凸起四字铭，合为"状元及第"。双线素凹圈缘。

连弧纹具柄镜

清代
直径14.8、柄长9.7厘米
大同市博物馆藏

　　圆形带柄，圆钮，并蒂联珠纹钮座。座外为一周凸起弦纹带及内向八连弧纹带，近缘处为一周铭文带。素宽缘。

湖州镜

清代

直径8.7厘米

大同市博物馆藏

方形，无钮。内有铭文"方正而明，万里无尘，水天一色，犀照群伦，湖城薛惠公造"。素宽缘。

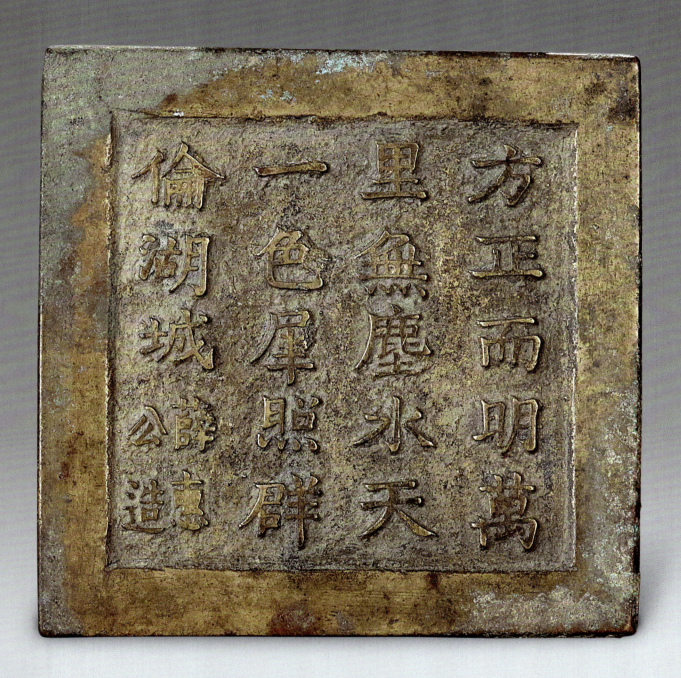

方正而明萬
里無塵水天
一色犀照群
倫湖城許遠
公造

参考资料

1. 孔祥星、刘一曼：《中国古代铜镜》，文物出版社，1984年。
2. 周世荣：《中国铜镜图集》，上海书店，1985年。
3. 陈佩芬：《上海博物馆藏青铜镜》，上海书画出版社，1987年。
4. 王士伦：《浙江出土铜镜》，文物出版社，2006年。
5. 周世荣：《铜镜图案——湖南出土历代铜镜》，湖南美术出版社，1987年。
6. 洛阳博物馆：《洛阳出土铜镜》，文物出版社，1988年。
7. 程长新、程瑞秀：《铜镜鉴赏》，北京燕山出版社，1989年。
8. 孔祥星、刘一曼：《中国铜镜图典》，文物出版社，1992年。
9. 河北省文物研究所：《历代铜镜纹饰》，河北美术出版社，1996年。
10. 郭玉海：《故宫藏镜》，紫禁城出版社，1996年。
11. 昭明、洪海：《古代铜镜》，中国书店，1997年。
12. 中国青铜器编辑委员会：《中国青铜器全集·铜镜》，文物出版社，1998年。
13. 余继明：《中国铜镜图鉴》，浙江大学出版社，2000年。
14. 刘宁：《铜镜知识三十讲》，荣宝斋出版社，2004年。
15. 钟鸣宇：《实用文玩收藏指南·铜镜》，山东美术出版社，2005年。
16. 沈从文：《沈从文博古春秋——铜镜史话》，万卷出版社，2005年。
17. 管维良：《中国铜镜史》，重庆出版社，2006年。
18. 宝鸡青铜器博物院：《对镜贴花黄——宝鸡青铜器博物院典藏铜镜精粹》，三秦出版社，2014年。

后 记

　　铜镜作为我国古代青铜文化中的一个独立体系，是中国文化的重要组成部分，对于了解和研究古代历史文化具有重要的参考价值。历代铜镜的铸造工艺、铜质、纹饰、铭文等无不反映特定的时代背景，是我们认识和研究中国古代社会政治经济、思想文化、社会生活、民俗风情、宗教信仰等方面的重要实物资料。

　　大同作为中国九大古都之一及历史上重要的多民族融合之地，历史文化悠久，多民族文化在此碰撞、交流、融合，呈现出多姿多彩的历史风貌。"夫以铜为镜可以正衣冠，以古为镜可以知兴替"，古人以铜为镜照容，今人以铜镜为鉴观古，铜镜也正是这一发展历程的最好见证。

　　本书在成书的过程中，受到曹臣明副馆长、韩生存主任的多方支持与指导，在图录文物的摄影及拓片制作中，王辉辉、康林虎也付出了诸多辛劳，在此表示衷心的感谢。

　　由于作者水平有限，本书错漏缺点在所难免，敬请诸位专家、学者批评指正，给予多多指导。

编　者

2019 年 9 月

编 者